# I.

# HENRI DE COURANCES

## MARÉCHAL DE FRANCE

(1255-1268)

PAR

## HENRI STEIN

ARCHIVISTE PALÉOGRAPHE

SECRÉTAIRE DE LA SOCIÉTÉ HISTORIQUE ET ARCHÉOLOGIQUE DU GATINAIS

PARIS

ALPHONSE PICARD, ÉDITEUR

82, rue Bonaparte, 82

1892

# HENRI DE COURANCES

## MARÉCHAL DE FRANCE

Extrait des *Annales de la Société historique et archéologique du Gâtinais (1891)*.

I.

# HENRI DE COURANCES

## MARÉCHAL DE FRANCE

(1255-1268)

PAR

## HENRI STEIN

ARCHIVISTE PALÉOGRAPHE

SECRÉTAIRE DE LA SOCIÉTÉ HISTORIQUE ET ARCHÉOLOGIQUE DU GATINAIS

PARIS

ALPHONSE PICARD, ÉDITEUR

82, rue Bonaparte, 82

—

1892

# HENRI DE COURANCES

## MARÉCHAL DE FRANCE

### (1255-1268)

IL est assez remarquable que, parmi les premiers maréchaux de France connus, d'après l'*Histoire généalogique* du père Anselme et le *Dictionnaire* de Moréri, la plupart soient originaires du Gâtinais. Ce sont d'abord, en suivant l'ordre chronologique, Aubry Clément (du Mez) en 1185, Henri Clément, Jean Clément et Henri Clément II. Après cette dynastie viennent « Henri de Cousances », Ferry Pasté, et un peu plus tard Gautier de Nemours[1].

Nous voulons nous occuper seulement aujourd'hui de celui qui a été diversement cité sous les noms de *Henricus de Cousanciis*, de *Quessance*, de *Cusanciis, Henri de Cosances*, de *Cousances*, de *Cosences*, de *Cusances*, de *Cosenza*, et qui en réalité, — il nous sera facile de le démontrer, — s'appelle « Henri de Courances ».

---

1. M. le comte de Mas-Latrie, dans son *Trésor de Chronologie* (Paris, 1889, in-folo), a donné une liste des maréchaux de France un peu différente de celles que l'on avait publiées avant lui; on ne sait pourquoi il a jugé à propos de rayer Henri de Courances de sa nomenclature, sans raison apparente.

D'ailleurs le peu que l'on a écrit, sur ce personnage bien oublié du règne de Louis IX, est erroné et contradictoire ; il semble qu'un mauvais sort se soit attaché à la mémoire de ce preux chevalier à qui il n'a manqué, pour demeurer célèbre, que l'amitié d'un chroniqueur ou le ciseau d'un imagier. Sa mort héroïque, sur un champ de bataille lointain, n'a pas suffi à préserver son nom de l'oubli.

La plus longue notice qui lui ait jamais été consacrée est du Père Anselme[1] : elle a tout au plus huit lignes, et on ne doit lui accorder qu'une confiance restreinte. Le généalogiste, tout en utilisant des sources auxquelles il nous a été facile du reste de recourir après lui, n'a point connu toute la vérité. Il a pensé à tort que Henri de « Cousances », comme il l'appelle, pouvait être le même maréchal que Henri Clément II ; les deux familles n'ont point de rapport entre elles et les deux personnages ont existé successivement. Il a pensé à tort que Henri de « Cousances » avait été maréchal de France dès 1255 : nous ne pouvons rien affirmer faute de preuves, mais il y a certainement là une confusion avec son prédécesseur[2]. Il a enfin découvert un sénéchal de Limousin et de Périgord qui portait le même nom que le maréchal ; il n'a pas su l'identifier et définir nettement l'existence de ce chevalier dans les différentes fonctions où il s'employa au service de son pays.

---

1. *Histoire généalogique des grands officiers de la Couronne*, t. VI, p. 622.

2. Nous pensons que Henri de Courances ne fut maréchal qu'environ dix-huit mois (1267-1268).

Établissons et rectifions les faits.

Son nom d'abord est Henri de Courances. Il était seigneur de Courances, aux environs de Melun et de Corbeil[1]. Ses relations avec les villages et les abbayes du voisinage, dont nous nous occuperons tout à l'heure, en font foi. En outre, par suite d'un phénomène de rhotacisme bien connu[2], il est clair que la forme *Cousanciis* ou *Cosanciis* donne en français Courances, en passant par les diverses formes voisines[3] sous lesquelles ce pays était connu au moyen âge. Ce point, qui ne saurait faire aucun doute, est désormais établi à l'encontre de ceux qui voudraient le supposer originaire de telle autre localité de France, en se fondant sur une similitude de nom[4].

---

1. La paroisse de Courances était autrefois du diocèse de Sens et du doyenné de Melun; le village actuel appartient au département de Seine-et-Oise et à l'arrondissement d'Étampes.

2. Les exemples sont nombreux. C'est ainsi que *cathedra* a donné *chaise*, que *Mons Gisonis* désigne *Montgeron*.

3. C'est évidemment d'un seigneur de Courances, et d'un proche parent de Henri le maréchal, qu'il est question dans la brochure de l'abbé E. Delaforge, *Perthes et le château féodal de Mémorant* (Melun, 1864, in-16), p. 15, où il est appelé Jean de « Cosancy », cité comme témoin en 1233.

4. Il y a notamment en Franche-Comté un *Cusance* dont le nom est porté au xive siècle par un bailli général de la Comté de Bourgogne (Gollut, *Mémoires historiques de la République Séquanoise*, Dôle, 1595, in-4o, p. 139) et dont les armes, très différentes de celles du maréchal de Louis IX, étaient : d'or à l'aigle à gueules (*Bibliothèque nationale*, Cabinet des Titres). On trouve la généalogie, plus ou moins hypothétique, de cette famille dans les manuscrits français 20241, fo 146, et 20259, fo 72, de la Bibliothèque nationale. — Il y a également un évêque de Verdun, nommé Liébaut de Cusance, dont l'origine est incontestablement de l'est de la France; son sceau, conservé aux Archives nationales, a été reproduit par M. P. Dony, *Monographie des Sceaux de Verdun, Évêques* (Verdun, 1890, in-8o). — Enfin je signalerai, sans insister davantage, la singulière identification, faite par M. de Wailly à la p. 851 de la table géographique du tome XXIII des *Historiens des Gaules et de la France;* le nom de Henri de Courances se trouvant cité dans la chronique de Primat sous le nom « Cusances », l'éditeur en a fait un italien parce qu'il guerroyait en Italie,

Chronologiquement, la première mention que nous ayons trouvé de Henri de Courances nous vient du cartulaire du Jard et nous transporte au mois d'octobre 1255, époque à laquelle s'était ouverte la succession d'un de ses cousins[1], Jean de Courances, et se résolvaient par l'arbitrage du roi de France les difficultées nées à l'occasion de cette succession[2].

Peu d'années après, notre chevalier apparaît comme acheteur de biens sis sur les bords de la Seine, à Vernou près Montereau, et appartenant précédemment à Jean de Livry ; la charte[3] qui le constate a pour témoin Louis de Vaux-le-Pénil, et

---

et a pensé qu'il était de Cosenza ! Ainsi se commettent les erreurs les plus étranges sous les plumes les plus exercées.

1. C'est sans doute aussi au nombre de ses proches parents qu'il faut ranger Eustache de Courances, chevalier, qui, en juillet 1249, donne consentement à ce que l'abbaye du Lys tienne en main-morte cinq arpents et un quartier de terre au territoire des Essarts, à Dammarie (*Archives municipales de Melun*, GG. 4).

2. Voici le texte de la pièce : « Ludovicus, etc. Cùm inter dilectos et fideles nostros Lambertum de Turins et Symonem fratrem ejus, milites, ex una parte, et Henricum de Cousanciis, militem, ex altera, contentio verteretur, Henricus petebat a dictis fratribus investiri de hereditate defuncti domini Johannis de Cousanciis, consanguinei quondam dicto Henrico, data predicto Johanni a defuncto Lamberto, quondam patre dictorum fratrum, videlicet castro de Perdiliano cum suis pertinentiis, et eo quod habebat in castro de Saxiaco ; quam hereditatem petebat idem Henricus ratione donationis sibi facte de eadem hereditate a predicto Johanne, dum esset sane mentis, dicti fratres et Henricus de bonorum consilio devenerunt, dicti fratres assignaverunt Henrico et heredibus suis de uxore sua procreandis centum libras redditus, etc. Apud Aurelianos, 1255, mense octobri. » (*Bibliothèque nationale*, ms. latin 5482, p. 177.)

3. « Seguinus decanus christianitatis Meleduni, etc. Sciant quod dominus Johannes de Livriaco et Helissendis ejus uxor asseruerunt quod habebant, ex hereditate dicte Helissendis, ex essartis B. M. de parochia de Vernoto, domum unam que dicitur Espaillart, etc., in censiva decani Parisiensis, dedisse in elemosinam domino Johanni de Brueriis, militi dicti Johannis et Helissendis, pro suis negotiis, vendidisse domino Henrico de Cousanciis, militi, domine Matilde, ejus uxori, etc. 1258, die mercurii proxima ante Pascha. » (*Idem*, p. 135.)

mentionne, aux environs de Pâques 1259, la femme de Henri de Courances, nommée Mahaut ou Mathilde, dont nous ignorons le nom de famille, mais qui était assurément de souche normande, comme nous aurons occasion de l'exposer tout à l'heure.

A cette époque, il était chargé par Louis IX de représenter l'autorité royale dans le bailliage de Mâcon. On a sur ce point des données assez précises[1] qui permettent d'affirmer qu'il exerçait ces importantes fonctions depuis 1254 ou 1255 au plus tard, car son nom figure sur les listes des baillis en Mâconnais, à partir de cette date et sans interruption au moins jusqu'en 1260. Alors il transmit sa charge à Eustache de Milly, chevalier, comme lui originaire du diocèse de Sens[2].

Son nom se rencontre sur les tablettes de cire royales[3], en 1257, et à côté de lui figurent G. de Boisminard, Gilles de Villemaréchal, Guillaume de Milly, Henri le maréchal [Clément], Jean de Vallery, Jean de Lixi, qui tous appartiennent indubitablement au Gâtinais.

---

1. D'après Brussel, *Usages des fiefs*, I, p. 490; *Historiens des Gaules et de la France*, XXII, pp. 741-743; et Bernard, *Mémoire sur les États du Mâconnais* (Arch. dép. de Saône-et-Loire), p. 21.

2. On peut remarquer aussi, que parmi les successeurs immédiats de Henri de Courances comme baillis de Mâcon, se trouvent des chevaliers du même pays, c'est-à-dire des environs de Melun et de Milly : c'est vers 1265 Eustache de Montgermont (*Olim du Parlement de Paris*, I, p. 620), Jean d'Escrennes en 1266, Jean de Duyssan (lisez Duyson) en 1269 — De plus, nous inclinerions à penser que son prédécesseur était aussi son voisin, et que Baudouin de « Pyan », cité par Brussel (I, p. 490), comme bailli de Mâcon de 1249 à 1253, doit être appelé Baudouin de Sceaux (*Pyan* étant une faute de lecture pour *Syau*, ancien nom de Sceaux près Corbeilles-en-Gâtinais).

3. *Historiens de France*, XXI, p. 332.

Comme bailli de Mâcon, Henri de Courances eut sans doute plusieurs fois l'occasion de prouver ses qualités administratives ; on sait au moins qu'en avril 1260 il se rendit à Charolles et réussit à y apaiser un différend qui s'était élevé entre les habitants de cette ville et Yves, abbé de Cluni[1]. Son successeur, Eustache de Milly, fut-il moins heureux dans ses opérations? Ou mourut-il presque aussitôt installé dans ses fonctions? Quoi qu'il en soit, le roi eut de nouveau recours à son « bien amé et féal » bailli Henri de Courances, qui retourna à Mâcon et, en son nom[2], tint des assises à Couches-[les-Mines][3] le 9 février 1264.

Louis IX ne tarda pas à reconnaître les mérites de son serviteur et à lui prouver sa reconnaissance pour les services rendus. Il l'éleva à la dignité de sénéchal en Périgord[3] et Limousin[4], le commettant ainsi à une situation fort enviée il est vrai, mais

---

1. Le Nain de Tillemont, *Histoire de Saint-Louis* (édit. de la Soc. de l'histoire de France), IV, p. 218.

2. *Archives nationales*, X¹ª 1, fo 30.

3. Chef-lieu de canton, arrondissement d'Autun (Saône-et-Loire).

4. Sans doute au début de l'année 1265. — M. Ph. de Bosredon, il est vrai, dans un récent article du *Bulletin de la Société archéologique et historique du Périgord*, XVIII (1891), p. 335, a cru pouvoir, sur l'autorité de Dessalles et de Lacabane, admettre que Henri de Courances fût à deux reprises différentes, en 1254-1255, puis en 1265, sénéchal du Périgord; mais, puisque les documents certains, que nous avons cités plus haut, affirment qu'il était en 1254-1255 même bailli de Mâcon, et que ces deux fonctions n'étaient pas compatibles, il faut admettre une erreur dans les notes de Lacabane (*Archives départementales du Lot*) et dans les travaux de L. Dessalles, *De l'administration en Périgord du* xiiie *au* xviiie *siècle* (Périgueux, 1855, in-8o), et *Histoire du Périgord* (Périgueux, 1883-1885, 3 vol. in-8o), t. II, p. 245, et III, p. 63. — Sur ce point et sur quelques autres, la liste dressée par M. Ph. de Bosredon serait peut-être à remanier.

extrêmement délicate, pour des raisons qu'il ne sera pas inutile d'exposer brièvement.

Louis IX avait créé le sénéchal de Périgord, qui tenait dans sa circonscription non seulement cette province, mais encore le Limousin, la Guyenne et le diocèse de Cahors. Il y était investi de toutes les attributions militaires, judiciaires et financières[1] qui rendaient sa situation prépondérante, et ses jugements étaient sans appel. Le premier sénéchal nommé par le roi de France, avec toute juridiction dans les diocèses de Limoges, Cahors et Périgueux, fut en 1243, d'après Marvaud[2], Guillaume de Malemort, à qui succéda Aymeri de Malemort[3], son fils, mort en 1259.

Or cette année là (1259), Louis IX rendait à l'Angleterre, par un excessif scrupule de conscience qui lui fut fort reproché, les provinces confisquées par son aïeul sur Jean sans Terre. Le Limousin, le Périgord formaient une partie des territoires restitués, et dès lors on y vit siéger côte à côte un chevalier français, sénéchal chargé de veiller aux intérêts du suzerain, le roi de France, et un autre chevalier du midi, sénéchal chargé de représenter dans ces domaines le

---

1. Cf. sur ce point Gibert, *Mémoire sur les grands baillis*, dans les *Mémoires de l'Académie des Inscriptions et Belles Lettres*, t. XXX; — E. Boutaric, *Saint Louis et Alphonse de Poitiers* (Paris, 1870, in-8o), pp. 129-154; — et H. Wallon, *Saint Louis et son temps* (Paris, 1875, in-8o), II, pp. 77-83.

2. *Histoire de la vicomté et des vicomtes de Limoges* (Paris, 1873, in-8o), I, p. 302. — Après lui on trouve les noms de Raoul de Trappes, Pierre Le Sergent (*Serviens*) et Guillaume du Puy (Le Nain de Tillemont, IV, p. 386).

3. C. Justel, *Histoire généalogique de la maison de Turenne* (Paris, 1645, in-folio), preuves, p. 47.

vassal, le roi d'Angleterre. Il est inexact de dire[1]
que chacun des deux rois de France et d'Angleterre
eut un sénéchal jusqu'au xv<sup>e</sup> siècle dans la contrée,
car l'un et l'autre officier opéraient pour leur propre
compte sur le même terrain, mais dans des desseins
différents ; loin de se gêner dans leur action réciproque,
l'un et l'autre paraissent s'être prêtés dans certaines
circonstances un mutuel appui ; parfois même,
en cas d'absence ou pour toute autre cause, l'un gérait
les affaires de l'autre ou se faisait remplacer.
C'est ainsi qu'Henri de Courances, chevalier français
et serviteur de Louis IX, fut vers 1264 et temporairement
chargé des intérêts anglais en Gascogne,
en même temps qu'il occupait les fonctions de sénéchal
français en Périgord et Limousin. On ne peut
expliquer autrement deux chartes qui nous ont été
conservées en copies et indiquent rétrospectivement
les relations administratives que put avoir Henri de
Courances avec la reine d'Angleterre Éléonore et le
prince de Galles Édouard[2].

---

1. *Dictionnaire topographique de la Dordogne*, par le vicomte de Gourgues, p. LI.

2. « Universis tenore presentium audituris, Edwardus, illustris Regis Anglorum primogenitus, salutem. Domina Regina mater nostra, dum partibus Vasconiæ insisteret, dominum Henricum de Cusanciis, tunc senescallum nostrum terræ predictæ, adquictavit et absolvit ab omni reddendo ratiocinio in futurum super administratione quam in terra habuit memorata, prout in literis dominæ nostræ predictæ quas dominus Henricus predictus optinet continetur ; quas adquictationem et absolutionem ratas habemus et acceptas ; in cujus rei testimonium presentes litteras dicto militi concedentes. Datum apud Windes[orium], xxvii die julii, anno regni domini Regis patris nostri L<sup>e</sup> (1266). — Universis presentes, etc... Bernardus Nicolai de Caturco, salutem. Notum facimus quod cum excellentissima domina A., Dei gratia illustrissima Regina Anglie, tenetur nobis in mille libris pictavensium et andegavensium, tam ratione matris sibi et suis facti

Pendant les trois années que Henri de Courances demeura sénéchal de Périgord et de Limousin (1265-1267), de nombreuses occasions de prouver l'importance de ses fonctions se présentèrent à lui. Nous en avons recueilli quelques-unes[1]. Un jour, il reçut à tort le serment des habitants d'une localité qui appartenait à l'évêque de Limoges[2] : d'où conflit. Une autre fois, il ouvrit une enquête pour savoir qui avait placé l'enseigne du roi sur l'abbaye et la tour de Saint-Yrieix[3] : l'affaire fut portée au Parlement de Paris. A un autre moment, il fut chargé de vider un différend entre le châtelain et les bourgeois de Noblat en Limousin[4] : le fait est mentionné dans un

---

in pecunia numerata, quam pro jocalibus eidem Domine Regine et suis de mandato suo traditis et deliberatis a nobis vel ex parte nostra; tandem dominus Henricus de Cousanciis, miles domini Regis et marescallus Francie, nobis de totali pecunie summa satisfacere cupiens pro eadem domina Regina ratione senescallie Wasconie et administrationis ejusdem in quâ idem dominus Henricus prefuit, et de quâ eadem domina Regina propter hoc quitavit eundem, in æquictationem ipsius totalis pecunie summe, per finalem compotum inter ipsum dominum Henricum et nos habitum concorditer super eo, prefatam Dominam reginam et suos ac ipsum dominum Henricum nunc et in perpetuum quittavimus et quitamus de predictis mille libris pictavensium et andegavensium pro ducentis marchis stellingorum nobis ab eodem domino Henrico recte et nomine ipsius domine Regine Anglie plenius persolutis, etc. Sabbato ante festum beati Andree apostoli, 1267, mense novembri. *(Bibliothèque nationale*, ms. latin 5482, pp. 168 et 181.)

1. *Olim du Parlement de Paris*, I, fo 43 vo et 146.

2. Le Nain de Tillemont (édition de la *Société de l'histoire de France*), IV, p. 386.

3. *Archives des Basses-Pyrénées*, E. 880.— Le rédacteur de l'inventaire imprimé, P. Raymond, en a voulu, lui aussi, au sénéchal dont il estropie le nom et qui sous sa plume est devenu « Henri d'Arsance! »

4. « Jocellus de Castronovo, dominus castri Nobiliaci in parte, fecit ajornari consules et communitatem ville Nobiliaci apud Lemovicas, coram Henrico de Quessance, senescallo domini regis ». Ce fragment a été publié par M. Louis Guibert, *La commune de saint Léonard de Noblat au* XIIIe *siècle* (Limoges, 1890, in-8o).

fragment d'enquête postérieure de quelques années.

Vers la fin de 1266, à en croire Le Nain de Tillemont[1], Henri de Courances, élevé à la dignité de maréchal de France, fut envoyé par Louis IX à Rome, auprès du pape Clément IV, comme négociateur au sujet de dîmes à percevoir sur le clergé et du projet de croisade en Palestine. Il jouissait donc pleinement de la confiance de son maître, et sut gagner celle de Charles d'Anjou qui l'emmena, en qualité de conseiller et de capitaine général des troupes dans le royaume de Naples[2], avec un grand nombre de Français[3].

Malheureusement, il ne devait pas être permis à Henri de Courances de se distinguer longtemps par de brillantes qualités militaires. Cette expédition lointaine lui fut très funeste; il ne devait plus revoir sa patrie.

Chargé par Charles d'Anjou d'offrir le combat à Conradin, il livra le 22 août 1268 la bataille de Tagliacozzo (Italie méridionale) où il commandait les Provençaux et les Italiens à la solde de son maître.

Il avait revêtu la cotte d'armes de Charles d'Anjou et dirigeait le premier corps d'armée où son maître « mit les gens de Prouvence qui jusques à celui jour

---

1. *Histoire de saint Louis*, V, p. 27.

2. *Archivio di Stato (Napoli)*, Registres angevins, 2, fo 16ᵇ; 4, fo 176; 6, fo 13, cités par P. Durrieu, *Les archives angevines de Naples* (Paris, 1887, in-8o), II, p. 311.

3. Et notamment des chevaliers du diocèse de Sens, qui figurent dans les listes relevées par M. Durrieu : Jean Britaud de Nangis, Raoul de Courtenay, Bertrand et Vincent de Fontainebleau, Guillaume de Dannemois, Adam de Douchy, Guillaume de Rougemont, Guillaume de Milly, Geoffroy de Flagy, Milet de Paley, Guillaume de Faronville, et Geoffroy de Sergines qui avait été (avec Érard de Vallery) sénéchal du royaume de Jérusalem; cf. *Bibliothèque de l'école des Chartes*, 4ᵉ série, IV (1858), p. 129.

li avoient moult bien aidié et avec euls ceuls de Champangnie et de Lombardie, et tous les autres qui estoient de estrange nation »; il s'était adjoint des chevaliers « bons et seurs desquels li roys Charles connoisoit le hardement et la prouesse ». Mais, à la première attaque, les Provençaux et les étrangers prirent la fuite et abandonnèrent Henri de Courances qui, pris pour le roi, devint le point de mire des troupes qu'il espérait vaincre; « car si anemi li coururent si aigrement sus, pour ce que il cuidoient que ce fut li roys, si le découpèrent pièce à pièce, jasoit ce que il se feust moult bien deffendus comme bons chevaliers ».

Les chroniqueurs contemporains[1], en nous laissant le récit de cette journée, s'accordent tous à vanter les mérites du chevalier français qui se jeta avec bravoure dans la mêlée, mais qui tomba lâchement assassiné sur le champ de bataille. Sa perte fut vivement ressentie. On ignore son âge, mais il y a apparence qu'il était encore jeune, au moins dans la plénitude de ses forces et de sa vaillance.

Henri de Courances avait épousé « noble dame Mahaut » qui appartenait probablement à une famille de chevaliers normands; du moins, devait-il posséder du chef de sa femme, qui lui donna l'autorisation nécessaire lorsqu'il les vendit au roi, diverses propriétés sises au Thil-Maneville, à Ambrumesnil, à Rocquigny,

---

1. Guillaume de Nangis (*Historiens de France*, XX, pp. 430-434), Primat, et les *Annales clerici Parisiensis* (Pertz, *Monumenta Germaniæ historica*, XXVI, pp. 582 et 657-660). — Malespini et les autres chroniqueurs italiens, qui figurent dans le t. VIII des *Scriptores rerum italicarum* de Muratori, sont muets sur le rôle joué par notre maréchal.

à Gueures, au Gourel, à Hermanville, à Lammer-
ville et à Vénestanville, toutes dans la Haute-Nor-
mandie, aux environs d'Offranville et de Bacqueville[1].
La vente fut consentie en décembre 1264, à Paris[2],
moyennant la somme de 1200 livres tournois, ce qui,
au taux actuel, représenterait environ 140,000 francs.

La même année, Henri de Courances, vendait, à
l'abbaye du Lys, de concert avec Henri de Nesles
et Jean de la Grange, les droits de cens qui lui appartenaient sur une pièce de bois située entre Dammarie et la Rochette[3] pour vingt-sept livres parisis[4].
Plus tard, il vend à la même abbaye[5], pour vingt
livres tournois, deux deniers de cens qu'il avait le
droit de prendre sur le bois voisin de l'Aleu[6] : cette

---

1. Deux chefs-lieux de canton, arrondissement de Dieppe (Seine-Infé-
rieure).

2. » Ego Henricus de Cousances, miles, notum facio omnibus, tam pre-
sentibus quam futuris, quod ego vendidi et quitavi imperpetuum excellen-
tissimo domino meo Ludovico, Dei gratia Regi Francorum illustri, et ejus
heredibus, omnia que habebam apud Magneville, apud Tyliam, apud An-
brumesnil, apud Roqueni, apud Gueres, apud Gorrel, apud Hermenvillam,
apud Venestanvillam, apud Lambervillam, et in locis vicinis, in domibus,
terris arabilibus, pratis, pascuis, caponibus, anseribus, denariis, ovis, ordeo,
avena, serviciis, molendinis et moutis, et quibuscumque redditibus, feodis,
guardis, et releviis, et omnibus aliis proventibus, pro mille et ducentis
libris turonensium, quas ab ipso recepi in pecunia numerata, promittens
quod super premissis eidem domino Regi vel ejus heredibus non movebo
de cetero questionem. Quod ut ratum et stabile permaneat in futurum,
dicto domino meo Regi presentes litteras dedi sigillo meo sigillatas. Actum
Parisius, die martis post festum beati Nicholai hyemalis, anno Domini
Mo CCo sexagesimo quarto. » — Orig. parchemin, muni d'un sceau pendant
à double queue (perdu). — *(Archives nationales*, J. 211, no 13). — Sous la
coté J. 211, no 14, ou conserve une pièce, scellée du sceau de l'officialité
de Paris, qui constate la reconnaissance dudit don par Mahaut, femme de
Henri de Courances.

3. Canton de Melun.

4. *Archives municipales de Melun*, GG. 4 (mention).

5. *Archives départementales de Seine-et-Marne*, H. 568.

6. Également entre Dammarie et La Rochette, aux portes de Melun.

nouvelle transaction avait précédé de fort peu sa mort, et avait été conclue par un procureur spécial nommé Guillaume[1], et lors de sa succession, l'official de Sens dut certifier avoir vu les lettres par lesquelles le maréchal de Courances approuvait la vente faite à l'abbaye du Lys par ledit Guillaume[2].

Henri de Courances avait d'ailleurs réglé toutes ses affaires; avant de partir pour l'Italie, selon toute vraisemblance, il avait rédigé un testament auquel il est fait allusion dans un document du cartulaire de l'abbaye du Jard, du 10 décembre 1268. Les exécuteurs de ses dernières volontés étaient Jean, archidiacre de Chartres[3], Pierre Le Chambellan[4], et Thomas de Montléart[5], chevaliers[6]. Sa veuve Mahaut transigea avec eux, au mieux des désirs du défunt. Puis elle épousa, peu de temps après, ce même ami et confident de son premier mari, Thomas de Montléart, qui avait été chargé dès 1255 de missions en Angleterre, et s'était vu en 1264 élever à la dignité de sénéchal de Béziers et de Carcassonne[7].

---

1. *Archives municipales de Melun*, GG. 4, n° 43.

2. *Idem*, GG. 4, n° 44.

3. Cet archidiacre de Chartres s'appelait Jean de Sivry (*de Sivriaco*); il était évidemment de Sivry, canton de Melun (S.-et-M.)

4. Il s'agit de Pierre de Villebéon, dit le Chambellan, encore un grand seigneur du Gâtinais, dont Joinville dit qu'il fut « li plus loiaus hom et li plus droituriers que je veïsse onques en hostel de roy. »

5. Auj. Montliard, canton de Beaune-la-Rolande (Loiret).

6. « J., archidiaconus Carnotum, Petrus Cambellanus, Thomas de Monteceleardi, milites, executores testamenti defuncti Henrici de Cousanciis militis, quondam Francorum marescali, Noveritis quod nobilis mulier Matildis, relicta predicti Henrici, finavit nobiscum de bladis, vinis, ratione excequtionis predicte, etc., et eam quittavimus sub sigillis nostris... 1268, die lune post festum beati Nicolai hyemalis. » (*Bibliothèque nationale*, ms. latin 5482, p. 177).

7. *Nobiliaire universel de France*, par Saint-Allais, éd. de 1872, I, p. 499.

Nous n'avons pu réussir à retrouver le sceau du maréchal. D'après le Père Anselme,[1] on y voyait « trois bandes »; ce qui paraît ressembler fort aux armoiries figurées sur le sceau[2] d'un certain Jean de « Cousances », chevalier, conseiller de Philippe le Bel, que l'on trouvera reproduit à la fin de la présente notice.

A notre connaissance, le maréchal laissait un fils, sans doute encore en bas âge en 1268, nommé Henri comme lui, serviteur du roi Philippe IV, signalé comme tel[3] dans un compte de 1301, et mort peut-être vers 1330, laissant un fils[4] appelé lui-même Henri, qui en 1334 comparut devant le prévôt de Grès en Gâtinais[5], à propos de propriétés qui lui appartenaient entre Larchant et La Chapelle La

---

1. Qui l'avait trouvé « dans le cabinet de M. Clairambault ».

2. *Archives nationales*, J. 295, n° 37.

3. *Avec différents seigneurs du Gâtinais, Jean de Chevillon, Perrot de Girolles, Jean de Fessart, Guillaume de Montlaon* (*Historiens de France*, XXII, p. 511).

4. On ne sait auquel des deux attribuer cette mention empruntée aux comptes du Trésor royal pour l'année 1328 : » Emende Parlamenti. De domino Henrico de Cousances, militi, LX l. p. » (*Archives nationales*, KK. 2, fo 4).

5. « A touz ceus qui verront ces présentes lettres, Estiene Le Cuit, garde dou scel de la prévosté de Grès, salut. Sachent tuit que, par devant nous vint Henrry de Cousances, en sa propre personne filz de feu monseigneur Henrry de Cousances, jadis chevalier, si comme il disoit, et afferma que comme monseigneur Guillaume de Péronne, chevalier, fust en foy et homage du fié que Perrot d'Aunoy tenoit dudit Henry, pour cause d'une maison séant entre Larchant et la Chappelle la Royne, appelée la maison du Vau de Fonteneilles, de environ quarante sols parisis de cenz, d'une garane telle comme elle peut estre et appartenir audit lieu, et de toutes les appartenances et appandances d'icelle maison, laquelle tient et posside Robers de Jacleville, escuiers, ou fié de damoyselle Ysabeau de Gevrines, qui tient yce fié dudit Perrot d'Aunoy, et il soit einsi que li diz Henris pour cause de ce fié soit ou bail et en la garde dudit monseigneur Guillaume de Péronne, liquelz fiéz li doit eschoer et advenir si tost comme il porra recevoir foy et homage, si comme lidiz Henrris disoit, recognut

Reine. Nous savons aussi qu'un neveu du maréchal, Robert de Courances, parti avec son oncle pour le royaume de Naples, y demeura après 1268 et jusqu'en 1281, en qualité de « chevalier terrier de l'hôtel » et employé à la garde des châteaux royaux[1] ». Le même Robert figure sur les tablettes de cire des comptes du roi Louis IX[2], à côté de son oncle Henri et de personnages considérables de son temps (Aubry Clément, Pierre des Barres, Philippe et Gautier de Nemours, etc.) en 1257.

Ici s'arrêtent les renseignements qu'il nous a été possible de recueillir sur ce maréchal de France, qui doit, contrairement à l'opinion reçue jusqu'à ce jour, s'appeler Henri de Courances. Mais, quelque faibles que soient les résultats acquis, ils permettent de jeter une lueur nouvelle sur la biographie de ce personnage méconnu et digne de l'être moins.

Nous ne savons s'il faut considérer comme appartenant à la même famille tous ceux qui portaient le

---

et conffessa de son bon gré et de sa bonne volenté que, pour son évidant et apparant profit et par le conseil de sages expers de droiz et de coustumes, et espécialement de ses amis chanels, par bonne et grant délibération il tout le droit doudit fié qui advenir li porroit, comme dit est, il avoit et aquité et délessié du tout en tout à touz jours audit Robert de Jacleville, à ses successeurs et à ceux qui de lui auront cause à touz jours, parmy le pris et la somme de douze deniers de rente à parisi, lesquels li diz Robers li a bien assises et assenées et baillées et délivrées, dont li diz Henris se tint pour bien paiéz, et en quita et clama quite ledit Robert et ceux qui de lui auront cause, et a et aura li diz Henris ferme, estable et agréable l'amortissement qui doudit fié sera fait, etc... En tesmoing de laquelle chose nous, à la requeste doudit Henry, avons scellé ces lettres dou scel de ladicte prévosté de Grès, l'an de grâce mil trois cenz trente et quatre, le vendredi après Penthecouste ». (*Archives nationales*, S. 1874, n° 2.)

1. P. Durrieu, *Les archives angevines de Naples* (Paris, 1887, in-8°), t. II, p. 311, d'après divers registres conservés à l'Archivio di Stato, à Naples.

2. Dom Bouquet, *Historiens de France*, XXI, pp. 341, 346, 359 et 381.

nom de Courances dans le courant du XIV° siècle.
Toutefois, il peut être fait une exception en faveur
de Jean de Courances, petit-fils ou neveu du maréchal, qui servit en 1285 dans l'expédition d'Aragon,

SCEAU DE JEAN DE COURANCES
(Archives nationales, J. 295, n° 37.)

reçut dix livres du roi de France[1], la même année,
alors qu'il était à Carcassonne[2], vendit un peu plus
tard (1292) à son suzerain un droit de péage qu'il
déclarait posséder dans la sénéchaussée de Carcassonne par droit héréditaire[3], probablement du
chef de sa femme Jeanne[4], et se trouva convoqué

---

1. Il est qualifié de « illustris domini Philippi Dei gratia Regis Francorum miles ».

2. *Historiens de France*, XXII, p. 695.

3. « Pedagium de Ponte-Oingnon in senescalcia Carcassonnie ». (*Archives nationales*, J. 295, n° 37.)

4. Qui approuve la dite donation et est qualifiée de « nobilis mulier
domina Johanna », le mercredi après la Saint-André [3 décembre] 1292
(*Archives nationales*, J. 295, n° 37ᵇ).

à Arras, en 1303, avec plusieurs seigneurs de l'Ile-de-France[1], au début de la guerre entreprise contre la Flandre.

L'identité des armoiries de Henri de Courances et de celles de ce Jean, figurées sur son sceau assez bien conservé aux Archives nationales et reproduit ici, nous autorise à faire ce rapprochement, premier jalon d'une généalogie qui nous paraît aujourd'hui, faute de documents précis, fort difficile à établir.

---

1. Ce renseignement est emprunté à un travail manuscrit sur *Courances et ses seigneurs* qu'a composé M. l'abbé Boulay, d'après les anciennes archives du château, et que publieront très prochainement les *Annales de la Société du Gâtinais.*

FONTAINEBLEAU. — E. Bourges, imp. breveté.

372

FONTAINEBLEAU. — E. Bourges, imp. breveté.